ΕΝΝΟΙΑ ΤΗΣ ΣΤΡΑΤΗΓΙΚΗΣ ΤΟΥ ΜΠΛΕ ΩΚΕΑΝΟΥ

ΒΑΣΙΚΕΣ ΠΛΗΡΟΦΟΡΙΕΣ

- **Όνομα:** Στρατηγική του μπλε ωκεανού.

- **Χρήσεις: Χρήση:** Επιχειρήσεις, μάρκετινγκ και καινοτομία.

- **Γιατί είναι επιτυχημένη;** Απομακρύνει την επιχείρηση από τον ανταγωνισμό, εγγυάται την απόδοση και μπορεί να προσαρμοστεί σε κάθε τομέα.

- **Λέξεις-κλειδιά:** Ωκεανός, κόκκινος ωκεανός, στρατηγική, καινοτομία, δημιουργία νέων στρατηγικών χώρων, ανταγωνισμός, επιχειρήσεις.

  - <u>W. Chan Kim</u> (γεννημένος το 1952) είναι μέλος του Παγκόσμιου Οικονομικού Φόρουμ του Νταβός και θεωρείται από το Harvard Business Review ως ένας από τους πιο σημαντικούς στοχαστές στον τομέα της διοίκησης και των επιχειρήσεων. Είναι συνδιευθυντής του Ινστιτούτου Στρατηγικής Γαλάζιου Ωκεανού στο INSEAD (Ευρωπαϊκό Ινστιτούτο Διοίκησης Επιχειρήσεων) μαζί με την Renée Mauborgne, όπου εργάζεται επίσης ως καθηγητής.

  - <u>Η Renée Mauborgne</u> (γεννηθείσα το 1963) είναι διάσημη καθηγήτρια στρατηγικής και συνδιευθύντρια του Ινστιτούτου Στρατηγικής Γαλάζιου Ωκεανού. Το 2013,

ΕΝΝΟΙΑ ΤΗΣ ΣΤΡΑΤΗΓΙΚΗΣ ΤΟΥ ΜΠΛΕ ΩΚΕΑΝΟΥ

Επιτυγχάνετε την επιτυχία μέσω της καινοτομίας και κάντε τον ανταγωνισμό άσχετο

ΕΝΝΟΙΑ ΤΗΣ ΣΤΡΑΤΗΓΙΚΗΣ ΤΟΥ ΜΠΛΕ ΩΚΕΑΝΟΥ

Επιτυγχάνετε την επιτυχία μέσω της καινοτομίας και κάντε τον ανταγωνισμό άσχετο

γραμμένο από Pierre Pichère
μεταφρασμένο από Lina Sideris

ανακηρύχθηκε μία από τις πέντε κορυφαίες καθηγήτριες των προγραμμάτων MBA και ένα χρόνο αργότερα έλαβε το βραβείο αριστείας Carl S. Sloane Award for Excellence, το οποίο απονέμεται από την Ένωση Εταιρειών Συμβούλων Μάνατζμεντ για την αριστεία στην έρευνα.

ΕΙΣΑΓΩΓΗ

Στο σημερινό ταχέως εξελισσόμενο διεθνές επιχειρηματικό περιβάλλον, η δημιουργικότητα γίνεται το κλειδί για τη μακροπρόθεσμη απόδοση. Η ανάγκη για νέες προοπτικές στις πολιτικές καινοτομίας των εταιρειών οδηγεί σε πρωτοποριακές ιδέες. Η στρατηγική του γαλάζιου ωκεανού το απεικονίζει αυτό τέλεια.

Ιστορία

Η στρατηγική αυτή, η οποία παρουσιάστηκε το 2005 από τους W. Chan Kim και Renée Mauborgne στο βιβλίο τους *Blue Ocean Strategy: How to Create Uncontested Market Space and Make the Competition Irrelevant* (μεταφρασμένο σε 43 διαφορετικές γλώσσες με 3,5 εκατομμύρια πωλήσεις παγκοσμίως), ανατρέπει τα θεωρητικά θεμέλια της στρατηγικής επιχειρηματικής καινοτομίας. Ενθαρρύνει όλους τους οικονομικούς φορείς να κάνουν το ίδιο - με δημιουργικές καινοτομίες που ονομάζονται "διασπαστικές" - επενδύοντας στην τεχνολογία, κατακτώντας νέες αγορές ή ακόμη και συνεργαζόμενοι με άλλους κοινωνικοοικονομικούς φορείς.

Η στρατηγική αυτή προέρχεται από μια σειρά μελετών και συνάδει με μια σειρά άλλων ερευνών, ιδίως του αρχιτέκτονα

Clayton Christensen (γεννημένος το 1952) και του Michael Raynor (γεννημένος το 1967), διευθύνοντος συμβούλου της Deloitte Services LP. Προτείνει μια σειρά εργαλείων για τη δημιουργία μιας συστηματικής διαδικασίας καινοτομίας.

Το 2007, στην πανεπιστημιούπολη Fontainebleu του INSEAD, λειτούργησε το Ινστιτούτο Στρατηγικής του Γαλάζιου Ωκεανού για να εξετάσει σε μεγαλύτερο βάθος την έννοια αυτή. Χάρη στο βιβλίο τους, οι δύο συγγραφείς έχουν λάβει αμέτρητα βραβεία και έχουν κερδίσει διεθνή αναγνώριση τόσο στον επιχειρηματικό τομέα όσο και στον κόσμο του μάρκετινγκ.

Ορισμός του μοντέλου

Το μοντέλο του Γαλάζιου Ωκεανού επαναπροσδιορίζει τον κλασικό τρόπο αναπαράστασης των στρατηγικών ανάπτυξης. Ο Igor Ansoff (1918-2002), σε μία από τις πρώτες δημοσιεύσεις που ασχολήθηκαν με την επιχειρηματική στρατηγική, *Corporate Strategy* (1965), και ο Michael E. Porter (γεννημένος το 1947), με το μοντέλο των πέντε δυνάμεων για τον ανταγωνισμό και τις αλυσίδες αξίας, αποτελούν επίσης μέρος αυτής της επανεξέτασης της επιχειρηματικής στρατηγικής. Τα μοντέλα τους χρησιμοποιούνται ακόμη και σήμερα σε διάφορους τομείς.

Οι Kim και Mauborgne προσδιορίζουν δύο τύπους αγορών στις οποίες δραστηριοποιούνται οι οικονομικοί φορείς:

- Οι αγορές που αναφέρονται ως **"κόκκινοι ωκεανοί"** αντιπροσωπεύουν κορεσμένες αγορές. Οι ευκαιρίες για ανάπτυξη είναι σπάνιες, επειδή εμπλέκονται τόσοι πολλοί ενδιαφερόμενοι, οι οποίοι μάχονται σκληρά για να αυξήσουν το μερίδιο αγοράς τους. Το κόκκινο χρώμα αναφέρεται στον ανταγωνισμό, αλλά και στους προμηθευτές, τους πελάτες και τους συμβούλους αγορών που θέλουν να μεγιστοποιήσουν τα δικά τους περιθώρια κέρδους και μερίδια αγοράς ή άλλα μέτρα κερδοφορίας (μερικές φορές με κόστος την ανάθεση σε εξωτερικούς συνεργάτες, τις συγχωνεύσεις, τη χρεοκοπία κ.λπ.)

- Οι αγορές που αναφέρονται ως **"γαλάζιοι ωκεανοί"** αντιπροσωπεύουν νέους τομείς όπου οι επιχειρήσεις μπορούν να αναπτυχθούν μόνες τους, με πολύ μικρό (ή καθόλου) ανταγωνισμό, χάρη στη ριζική καινοτομία. Η έννοια αυτή αλλάζει τη δομή της αγοράς δημιουργώντας μια άπειρη ποσότητα (ή "ωκεανό") νέας ζήτησης. Αυτό ονομάζεται από τους συγγραφείς "καινοτομία αξίας" ή, ευρύτερα, "χρήσιμη καινοτομία".

Ξεκάθαρα διαφοροποιούμενη από τις κλασικές προσεγγίσεις που επικεντρώνονται στη διαφοροποίηση μέσω της ποιότητας, της ηγεσίας κόστους ή της συγκέντρωσης, η στρατηγική του μπλε ωκεανού ενθαρρύνει τις επιχειρήσεις να ξεφύγουν από τις υπάρχουσες παραμέτρους όσον αφορά την προσφορά και τη ζήτηση και να εξερευνήσουν άλλα περιβάλλοντα όπου μπορούν να προσθέσουν νέα αξία και να εξασφαλίσουν έτσι μια ηγετική θέση.

Η ΘΕΩΡΙΑ ΠΙΣΩ ΑΠΟ ΤΗΝ ΕΝΝΟΙΑ

Με τη διάκριση μεταξύ κόκκινων και μπλε ωκεανών, οι Kim και Mauborgne προτείνουν μια ανάλυση που συνδυάζει τη στρατηγική, το μάρκετινγκ και την καινοτομία.

ΚΟΚΚΙΝΟΙ ΩΚΕΑΝΟΙ VS. ΜΠΛΕ ΩΚΕΑΝΟΙ

Η ανάλυση του κύκλου ζωής ενός προϊόντος έχει τις ρίζες της στο μάρκετινγκ και είναι μια κλασική μέθοδος: μετά το λανσάρισμα έρχεται η ανάπτυξη, ακολουθεί η ωριμότητα και στη συνέχεια η παρακμή. Αυτή η συλλογιστική λαμβάνει υπόψη τον όγκο των πωλήσεων και τη διάρκεια ζωής του προϊόντος (όσο πιο γρήγορη είναι η ταχύτητα της καινοτομίας, τόσο πιο σύντομος είναι ο κύκλος ζωής του προϊόντος).

Τι γίνεται όμως με την τρέχουσα και τη δυνητική κερδοφορία; Αυτή εξαρτάται από τον ανταγωνισμό, ο οποίος καθορίζει τις τιμές, αλλά και από την ικανότητα της εταιρείας να διαχειρίζεται τις δικές της τιμές κόστους και να αναπτύσσει στρατηγικές διείσδυσης, εξασφαλίζοντας ισχυρή κάλυψη της αγοράς. Ένα προϊόν που βρίσκεται ακόμη στη "φάση ανάπτυξής" του συχνά διατίθεται στην αγορά από πολυάριθμους πωλητές. Τότε είναι που αρχίζει ο αγώνας για τη μείωση των τιμών. Αυτό είναι ακριβώς αυτό που οι Kim και Mauborgne αποκαλούν "κόκκινο ωκεανό" - ένας γνωστός στρατηγικός χώρος όπου οι ενδιαφερόμενοι αποδέχονται τις παραμέτρους και ανταγωνίζονται σκληρά ο ένας τον άλλον. Είναι ήδη σαφές ότι μια απλή εφαρμογή αυτής της τυπολογίας οδηγεί σε στρατηγικές επιλογές όσον αφορά την γκάμα των προϊόντων και την οικονομική ισορροπία όσον αφορά τη βραχυπρόθεσμη, μεσοπρόθεσμη και μακροπρόθεσμη κερδοφορία και ανάπτυξη.

Στο σύγχρονο οικονομικό πλαίσιο, αυξάνεται ο αριθμός των κόκκινων ωκεανών, καθώς η πλειονότητα των προϊόντων τοποθετείται σε ώριμες αγορές. Επιπλέον, το διεθνές άνοιγμα σχεδόν κάθε αγοράς ενθαρρύνει την αύξηση του αριθμού των ενδιαφερομένων μερών, γεγονός που συνεπάγεται κάποιο ανταγωνισμό και δύσκολα αντισταθμίζεται από την εμφάνιση νέων οικονομικών τομέων που προκαλούνται από την τεχνολογική πρόοδο. Οι Kim και Mauborgne επισημαίνουν ότι η παραδοσιακή θεωρία των επιχειρήσεων βοηθά τους υπεύθυνους λήψης αποφάσεων να επιβιώσουν σε έναν κόκκινο ωκεανό: συγκέντρωση στην κύρια δραστηριότητα, εξωτερική ανάθεση με σκοπό τη μείωση των τιμών κόστους κ.λπ.

Η στρατηγική των μπλε ωκεανών ενθαρρύνει τα ενδιαφερόμενα μέρη να εγκαταλείψουν τους κόκκινους ωκεανούς, οι οποίοι δεν δημιουργούν αρκετή αξία, και να κινηθούν προς τους μπλε ωκεανούς. Σε αυτούς τους νέους στρατηγικούς χώρους, κάθε επιχείρηση μπορεί να αναπτυχθεί μόνη της και, τουλάχιστον για ένα διάστημα, δεν θα περιορίζεται από τον υπερβολικό ανταγωνισμό και τον πόλεμο τιμών.

ΑΛΛΑΓΗ ΩΚΕΑΝΩΝ ΜΕ ΧΡΗΣΗ ΚΑΙΝΟΤΟΜΙΑΣ ΑΞΙΑΣ

Το κλειδί για να περάσουμε από τον κόκκινο ωκεανό στον μπλε ωκεανό είναι η καινοτομία. Ωστόσο, η καινοτομία που βασίζεται αποκλειστικά στην τεχνολογία δεν είναι αρκετή.

Οι Kim και Mauborgne αποκαλούν τη διαδικασία ριζικού διαχωρισμού που οδηγεί σε έναν μπλε ωκεανό "καινοτομία αξίας". Η έννοια αυτή λειτουργεί τόσο για τις επιχειρήσεις που αναζητούν οικονομικές επιδόσεις, όσο και για τους πελάτες που πρέπει να ικανοποιηθούν.

Βέβαια, η καινοτομία που περιγράφουν οι δύο συγγραφείς απαιτεί τη συμμετοχή των οικονομικών φορέων, διαφέροντας έτσι από την παραδοσιακή νεοκλασική προσέγγιση, η οποία θεωρεί την καινοτομία εξωτερική. Πρόκειται για ένα εθελοντικό βήμα που γίνεται από την επιχείρηση, η οποία θα πρέπει να επανεκτιμήσει ολόκληρη την προσέγγισή της, εάν η μετάβαση πρόκειται να είναι επιτυχής. Από την άποψη αυτή, καθοδηγείται από τους ίδιους τους οικονομικούς φορείς. Αυτή η προσέγγιση της καινοτομίας ανάγεται στον Jean-Baptiste Say (δημοσιογράφος και οικονομολόγος, 1767-1832) και συνεχίζεται σήμερα μέσω μιας σειράς οικονομολόγων με πολύ διαφορετικές ιδέες, όπως ο Karl Marx (1818-1883) και ο Joseph Schumpeter (1883-1950).

Η ονομασία "καινοτομία αξίας" αντικατοπτρίζει τον σκοπό του γαλάζιου ωκεανού: να δημιουργηθεί μεγαλύτερη αξία, τόσο για τους καταναλωτές, που με τη σειρά τους θα προσελκύσουν νέους πελάτες, όσο και για την επιχείρηση, όπου οι δομές τιμολόγησης θα επαναπροσδιοριστούν εκτενώς με στόχο την αλλαγή των παραμέτρων της αγοράς.

ΠΛΗΡΗΣ ΕΠΑΝΑΞΙΟΛΟΓΗΣΗ

Η ανάπτυξη μιας στρατηγικής για τον "γαλάζιο ωκεανό" απαιτεί την επανεξέταση όλων των βασικών προϋποθέσεων μιας δεδομένης αγοράς, την οποία περιγράφουν οι μελέτες αγοράς αναλύοντας την υπάρχουσα δομή.

- Εάν ένα προϊόν αγοράζεται κυρίως από άνδρες, πώς μπορεί να γίνει ελκυστικό στις γυναίκες;

- Εάν διανέμεται αποκλειστικά μέσω τρίτων, είναι δυνατόν να απευθυνθεί απευθείας στον τελικό πελάτη;

- Αν χρησιμοποιείται μόνο από ειδικούς, υπάρχει τρόπος να γίνει ευρύτερα γνωστό;

Επομένως, η καινοτομία δεν σημαίνει αύξηση των τιμών, όπως συμβαίνει συχνά με τις καινοτομίες που βασίζονται στην τεχνολογία. Η επανατοποθέτηση ενός προϊόντος στην αγορά με τη διεύρυνση του κοινού του μπορεί να οδηγήσει σε σημαντική αύξηση του αριθμού των πωλούμενων μονάδων, η οποία στη συνέχεια μειώνει την τιμή διαιρώντας το σταθερό κόστος. Επιπλέον, η επανεξέταση των χρήσεων ενός προϊόντος μπορεί να επιτρέψει την κατάργηση ορισμένων επιλογών ή χαρακτηριστικών που προηγουμένως θεωρούνταν απαραίτητα, μειώνοντας έτσι την τελική τιμή. Ωστόσο, η στρατηγική του γαλάζιου ωκεανού δεν οδηγεί αυτόματα σε μείωση των τιμών, παρόλο που αυτό συμβαίνει συχνά. Ως παράδειγμα, σκεφτείτε πώς οι ηλεκτρονικοί υπολογιστές έχουν αντικαταστήσει τους κεντρικούς υπολογιστές του παρελθόντος ή πώς τα smartphones μας αντικαθιστούν όλο και περισσότερο τα σταθερά τηλέφωνα.

ΑΠΟΚΛΕΙΣΜΟΣ, ΕΝΙΣΧΥΣΗ, ΜΕΙΩΣΗ ΚΑΙ ΔΗΜΙΟΥΡΓΙΑ

Η στρατηγική του γαλάζιου ωκεανού περιλαμβάνει την "μετακίνηση του δρομέα". Αφού καθοριστούν οι παράμετροι της αγοράς της επιχείρησης, είναι απαραίτητο να καθοριστεί τι πρέπει να ενισχυθεί, τι πρέπει να μειωθεί, τι πρέπει να αποκλειστεί και, τέλος, τι πρέπει να δημιουργηθεί (αν και ο τελευταίος αυτός παράγοντας δεν περιλαμβανόταν αρχικά στον κατάλογο).

Η προσέγγιση αυτή μπορεί να επεξηγηθεί με ένα παράδειγμα από την αυτοκινητοβιομηχανία. Το 1998, ο Louis Schweitzer, τότε ιδιοκτήτης της Renault, ανακοίνωσε μια ριζική καινοτομία για την αγορά αυτοκινήτου: ένα αυτοκίνητο χαμηλού κόστους. Το εγχείρημα αυτό οδήγησε στη δημιουργία του μοντέλου Logan. Αρχικά προοριζόταν για τις αγορές της Ανατολικής Ευρώπης, το όχημα είχε επιτυχία και στη Γαλλία, η οποία έγινε η πρώτη χώρα που εισήγαγε το Logan, το οποίο κατασκευάστηκε στα εργοστάσια της Automobile Dacia στη Ρουμανία.

Η επιτυχία αυτή προήλθε από μια στρατηγική επαναπροσδιορισμού του μοντέλου. Σε γενικές γραμμές, η αυτοκινητοβιομηχανία περιλαμβάνει έναν αγώνα δρόμου προς το "καλύτερο": μεγαλύτερα οχήματα, περισσότερη άνεση, περισσότερη ασφάλεια, περισσότερα χαρακτηριστικά και, ως εκ τούτου, υψηλότερες τιμές. Βελτιστοποιώντας τις συνέργειες μεταξύ των διαφόρων οχημάτων στα εργοστάσια της Automobile Dacia που αγοράστηκαν το 1999 και απομακρυνόμενη από την ιδέα του πολυτελούς οχήματος, η Renault ανακάλυψε το μυστικό της επιτυχίας. Το Logan κυκλοφόρησε στην αγορά για 4500 ευρώ στις αναδυόμενες οικονομίες και 7500 ευρώ στη Γαλλία, όπου οι καταναλωτές ήθελαν όσο το δυνατόν λιγότερες επιλογές.

Ωστόσο, το χαμηλό κόστος δεν σημαίνει ποιότητα. Παρόλο που δεν διαθέτει ταμπλό από καρυδιά, το Logan είναι εξαιρετικά ανθεκτικό, καθώς απευθύνεται σε αγορές όπου οι οδικές συνθήκες συχνά δεν είναι καθόλου ιδανικές ή όπου η συντήρηση των οχημάτων είναι πολύ λιγότερο ανεπτυγμένη από ό,τι στις δυτικές χώρες.

Ομοίως, η Renault ξέφυγε από το παρελθόν με το να μην περιορίζει τα λιγότερο ακριβά αυτοκίνητά της σε μικρά μοντέλα πόλης (όπως το Twingo της δεκαετίας του 1990 ή το Smart). Με το Logan, η Renault προσέφερε ένα οικογενειακό αυτοκίνητο με άφθονο χώρο στο εσωτερικό και μεγάλο πορτμπαγκάζ.

Επαναπροσδιορίζοντας τη στρατηγική της, η Renault προσέλκυσε περισσότερους πελάτες από ό,τι αναμενόταν: εκτός από την αγορά-στόχο στις αναδυόμενες οικονομίες, το Logan απευθύνθηκε επίσης σε Γάλλους καταναλωτές που, λόγω του σφιχτού προϋπολογισμού τους, θα έπρεπε διαφορετικά να αγοράσουν μεταχειρισμένα. Το αυτοκίνητο χαμηλού κόστους κατέκτησε το τμήμα της αγοράς που δεν εστιάζει ιδιαίτερα στην εμφάνιση του οχήματος, αλλά που αναζητά πάνω απ' όλα μια καλή ισορροπία μεταξύ ποιότητας και τιμής.

ΟΡΙΑ ΚΑΙ ΕΠΕΚΤΑΣΕΙΣ ΤΟΥ ΜΟΝΤΕΛΟΥ

Η επιστημονική αυστηρότητα της στρατηγικής του γαλάζιου ωκεανού φαίνεται αμφισβητήσιμη σε ορισμένα σημεία, και ορισμένοι πιστεύουν ότι θα ήταν καλύτερο να τη θεωρήσουμε ως έναν ελκυστικό τρόπο για να θέσουμε τις επιτυχίες ορισμένων εταιρειών σε προοπτική. Επιπλέον, υπάρχει ένας σχεδόν άπειρος αριθμός άλλων θεωριών που αποσκοπούν στην κατανόηση των στρατηγικών των επιτυχημένων εταιρειών, όπως το διάσημο βιβλίο του Thomas J. Peters του 1982, *In Search of Excellence*.

ΣΤΡΑΤΗΓΙΚΗ ΤΟΥ ΓΑΛΑΖΙΟΥ ΩΚΕΑΝΟΥ: ΕΝΑΣ ΟΔΗΓΟΣ ΚΑΙ ΟΧΙ ΜΙΑ ΕΠΑΝΑΣΤΑΤΙΚΗ ΜΕΘΟΔΟΣ;

Η στρατηγική του μπλε ωκεανού δεν στερείται επικριτών. Παρόλο που προσφέρει μεγάλο αριθμό παραδειγμάτων από κάθε τομέα της οικονομίας, καθιστώντας το ευανάγνωστο, ορισμένοι θεωρούν ότι αυτό το ευρύ φάσμα αναφορών αποτελεί ένδειξη της σχετικής αδυναμίας της θεωρίας. Άλλοι επισημαίνουν επίσης την επαγωγική προσέγγιση που χρησιμοποίησαν οι Kim και Mauborgne, οι οποίοι, σύμφωνα με την κριτική αυτή, πήραν ως αφετηρία μια σειρά από θεαματικές επιτυχίες και στη συνέχεια αναζήτησαν μια συνολική ιδέα που θα τις περιελάμβανε όλες. Σύμφωνα με αυτή την ερμηνεία, η στρατηγική του μπλε ωκεανού είναι μια αναδρομική ανάγνωση και όχι μια καινοτόμος και αποτελεσματική μέθοδος για την ανάπτυξη μιας δημιουργικής προσέγγισης της αγοράς, αν και οι συγγραφείς συνιστούν βήματα για τη μετάβαση από τον κόκκινο ωκεανό στον μπλε ωκεανό. Με αυτόν τον τρόπο, κάθε επιχειρηματική επιτυχία θα μπορούσε να ερμηνευθεί ως εφαρμογή, συνειδητή ή μη, της στρατηγικής του μπλε ωκεανού. Τα παραδείγματα που αντλούνται από την ιστορία των επιχειρήσεων, από τον Henry Ford (αμερικανός κατασκευαστής, 1863-1947) έως τον Guy Laliberté (ιδρυτής του Cirque du Soleil, γεννημένος το 1959), φαίνεται να οδηγούν σε αυτό το συμπέρασμα, καθώς οι άνθρωποι έχουν εφαρμόσει αυτή τη μέθοδο στο παρελθόν χωρίς να το γνωρίζουν.

Από την άποψη των κοινωνικών επιστημών, υπάρχει έλλειψη συνοχής μεταξύ των παραδειγμάτων, γεγονός που καθιστά τις συγκρίσεις που γίνονται στο βιβλίο επιστημονικά αμφισβητήσιμες. Ήταν παρόμοιες οι αφετηρίες για καθεμία από τις διαφορετικές επιχειρήσεις που χρησιμοποιήθηκαν ως παραδείγματα; Επιπλέον, η αρχική κατάσταση του κόκκινου ωκεανού δεν περιγράφεται στο βιβλίο, καθώς δεν υπάρχει σχετικός ή απόλυτος αριθμός παικτών σε μια αγορά ή κριτήρια όσον αφορά τον ανταγωνισμό που να δείχνουν ότι μια επιχείρηση εισέρχεται σε κόκκινο ωκεανό. Ομοίως, ο μπλε ωκεανός είναι ελάχιστα μετρήσιμος, γεγονός που μπορεί να έχει καταστροφικές συνέπειες αν μια επιχείρηση κάνει ένα βήμα στο άγνωστο επιλέγοντας την καινοτομία χωρίς να γνωρίζει αν αυτή θα γίνει αποδεκτή και θα υποστηριχθεί από τους πελάτες.

Η καινοτομία της αξίας, η οποία βρίσκεται στο επίκεντρο της στρατηγικής που προτείνουν οι συγγραφείς, δεν έχει οριστεί επαρκώς, γεγονός που καθιστά δυσκολότερη την καθιέρωσή της ως νέας έννοιας. Τα ίδια τα παραδείγματα καταδεικνύουν αυτή την αδυναμία. Προέρχονται από διάφορους τομείς, όπως το μάρκετινγκ, η συσκευασία και η διαφήμιση, η οργάνωση των επιχειρήσεων και η τεχνολογική και επιστημονική καινοτομία. Η καινοτομία αξίας θα μπορούσε επομένως να συνοψιστεί ως ένας συνδυασμός προστιθέμενης αξίας για την επιχείρηση και χαμηλότερων τιμών για τον πελάτη. Ωστόσο, το ερώτημα αν αυτό είναι αποτέλεσμα τεχνολογικής καινοτομίας ή καλύτερης τοποθέτησης στην αγορά παραμένει αναπάντητο. Ο αντίκτυπος της καινοτομίας αξίας φαίνεται ασαφής, καθώς η έννοια αυτή θα μπορούσε να καλύψει μια επανάσταση σε επίπεδο προϊόντος καθώς και την υιοθέτηση αποτελεσματικότερης επικοινωνίας με τους καταναλωτές.

Ορισμένοι επικριτές έχουν επίσης επιφυλάξεις σχετικά με την ίδια τη μέθοδο. Σύμφωνα με αυτή τη γραμμή σκέψης, στηριζόμενη σε μια λεπτομερή ερμηνεία της καμπύλης αξίας, η στρατηγική του μπλε ωκεανού δεν επιτρέπει καινοτομίες επανάστασης, αλλά οδηγεί μόνο σε σταδιακές καινοτομίες, δηλαδή στη βελτίωση των υφιστάμενων προϊόντων ή διαδικασιών. Πράγματι, η προσέγγιση των Kim και Mauborgne βασίζεται στη χρήση αυτού που ήδη υπάρχει για να φανταστεί κανείς κάτι νέο, ενώ η ριζοσπαστική καινοτομία μπορεί να πραγματοποιηθεί μόνο εάν οι επιχειρήσεις απομακρυνθούν εντελώς από την τρέχουσα κατάσταση. Όπως θα δούμε στη συνέχεια, οι δύο συγγραφείς εμπνέονται σε μεγάλο βαθμό από τους υφιστάμενους και δυνητικούς πελάτες των επιχειρήσεων για να καταλήξουν στη νέα προσφορά. Ωστόσο, ορισμένες καινοτομίες, ιδίως οι πιο ριζοσπαστικές, αντιμετωπίζονται με σκεπτικισμό. Πράγματι, η καινοτομία δεν τυγχάνει πάντοτε άμεσης έγκρισης από το κοινό. Ο σύμβουλος καινοτομίας Benoît Sarazin (ειδικός στο "μάρκετινγκ του αβέβαιου"), στην κριτική του για τη στρατηγική του μπλε ωκεανού, επισημαίνει ότι η Nestlé χρειάστηκε 15 χρόνια για να κάνει τη Nespresso να γίνει δημοφιλής και ότι ο Guy Laliberté δεν γνώρισε άμεση επιτυχία με το Cirque du Soleil. Η μέθοδος δεν είναι επομένως μια αλάνθαστη συνταγή επιτυχίας.

ΚΑΙΝΟΤΟΜΙΑ, ΑΠΟ ΤΗΝ ΟΙΚΟΝΟΜΙΑ ΣΤΙΣ ΕΠΙΧΕΙΡΗΣΕΙΣ: ΣΧΕΤΙΚΑ ΜΟΝΤΕΛΑ

Αν και σκοπεύουν να τελειοποιήσουν τη θεωρία της καινοτομίας, οι Kim και Mauborgne ακολουθούν αναμφισβήτητα τα βήματα του Joseph Schumpeter (1883-1950), του στοχαστή πίσω από την έννοια της δημιουργικής καταστροφής. Αυτός ο οικονομολόγος ασχολήθηκε με όλες τις πτυχές της καινοτομίας, τόσο από την άποψη της οργάνωσης των επιχειρήσεων για την εργασία και την παραγωγή όσο και από την άποψη των ευκαιριών της αγοράς για τα προϊόντα. Κατά παρόμοιο τρόπο, η στρατηγική των μπλε ωκεανών οδηγεί στην καταστροφή (ή τουλάχιστον στη μείωση) των παλαιών, ώριμων αγορών προς όφελος των νεοδημιουργούμενων αγορών. Εκτός από τη θεωρία του κύκλου ζωής του προϊόντος που ήδη αναφέρθηκε, μπορούμε επίσης να εξετάσουμε τον κίνδυνο κανιβαλισμού. Στο πλαίσιο μιας στρατηγικής μάρκετινγκ για τη διαχείριση μιας γκάμας προϊόντων, αυτό μπορεί να προκαλέσει μείωση των πωλήσεων ή του μεριδίου αγοράς των υφιστάμενων προϊόντων, ανεξάρτητα από τον τομέα δραστηριότητας: είναι επομένως απαραίτητο να αξιολογηθεί κατά πόσον το κέρδος που θα προκύψει από το νέο προϊόν θα είναι μεγαλύτερο από τις πιθανές απώλειες των υφιστάμενων προϊόντων. Η επιχείρηση ουσιαστικά ανταγωνίζεται τον εαυτό της. Ωστόσο, αυτός ο κανιβαλισμός μπορεί να αποδειχθεί καλή στρατηγική για την επέκταση της μάρκας (για παράδειγμα, Marlboro), καθώς επιτρέπει στην επιχείρηση να εισέλθει και να επωφεληθεί από μια νέα αγορά. Σε αυτό το σενάριο, μπορούμε να πάρουμε μια γεύση από το όνειρο του γαλάζιου ωκεανού.

Ο κόκκινος και ο μπλε ωκεανός θυμίζουν τις έννοιες της κατεστημένης και της διασπαστικής καινοτομίας που διατυπώθηκαν από τους Michael E. Raynor και Clayton M. Christensen στο πρώτο τους βιβλίο, *The Innovator's Dilemma: When New Technologies Cause Great Firms to Fail* (1997). Σύμφωνα με αυτούς, η καθιερωμένη καινοτομία βελτιώνει τα υπάρχοντα προϊόντα, ενώ η διασπαστική καινοτομία καταργεί τον ανταγωνισμό δημιουργώντας μια νέα αγορά. Αυτή η προσέγγιση ταιριάζει καλά με τη στρατηγική του μπλε ωκεανού. Η κατεστημένη καινοτομία αντιστοιχεί στις προσπάθειες που καταβάλλουν οι οικονομικοί φορείς για να επιβιώσουν σε έναν κόκκινο ωκεανό, ενώ η διασπαστική καινοτομία μοιάζει με τις θετικές συνέπειες για τις επιχειρήσεις που έχουν φθάσει στον μπλε ωκεανό.

ΕΦΑΡΜΟΓΗ

Η στρατηγική του γαλάζιου ωκεανού είναι μια στρατηγική μέθοδος που περιλαμβάνει διάφορα βήματα.

ΣΥΜΒΟΥΛΕΣ ΚΑΙ ΒΕΛΤΙΣΤΕΣ ΠΡΑΚΤΙΚΕΣ

Έξι ερωτήσεις για να προχωρήσουμε προς έναν γαλάζιο ωκεανό

Οι Kim και Mauborgne προσδιορίζουν έξι κεντρικά ερωτήματα που συνδέονται με τη δημιουργία μιας στρατηγικής για τον μπλε ωκεανό.

- **Ποιες εναλλακτικές λύσεις υπάρχουν στην αγορά;** Αυτό προϋποθέτει την υιοθέτηση της άποψης του πελάτη για τον προσδιορισμό των διαθέσιμων επιλογών. Δύο διαφορετικά προϊόντα, τα οποία οι παραγωγοί τους μπορεί να θεωρούν ότι είναι εντελώς ανεξάρτητα, μπορεί να βρεθούν σε ανταγωνισμό λόγω των αγοραστικών προθέσεων του πελάτη. Για παράδειγμα, οι διακοπές και οι εργασίες στο σπίτι είναι φαινομενικά ασύνδετες δαπάνες που ωστόσο επηρεάζουν η μία την άλλη: τη χρονιά που μια οικογένεια ανακαινίζει ένα δωμάτιο του σπιτιού, είναι σχεδόν βέβαιο ότι θα ξοδέψει λιγότερα χρήματα για τις καλοκαιρινές της διακοπές.

- **Ποια είναι τα συμφέροντα των εμπλεκόμενων στρατηγικών ομάδων;** Πρόκειται για ένα θέμα ιεράρχησης των θεμελιωδών ανησυχιών των διαφόρων εμπλεκόμενων στρατηγικών ομάδων. Γενικά υπάρχουν δύο από αυτές: η τιμή και η απόδοση.

- **Πώς συγκροτείται η αλυσίδα αγοραστών και χρηστών;** Ορισμένες επιχειρήσεις πωλούν απευθείας στους χρήστες, ενώ άλλες πωλούν μέσω τρίτων. Το σπάσιμο αυτής της αλυσίδας θα μπορούσε να είναι ο τρόπος για να φτάσετε σε έναν γαλάζιο ωκεανό. Αυτό έκανε η Nespresso δημιουργώντας τη δική της σειρά καταστημάτων υψηλής ποιότητας αντί να πουλάει τις κάψουλες καφέ της μέσω των παραδοσιακών δικτύων (μεγάλα καταστήματα λιανικής πώλησης τροφίμων).

- **Ποια είναι τα προϊόντα και οι συμπληρωματικές υπηρεσίες;** Αυτή η ερώτηση είναι σημαντική, διότι επιτρέπει στις επιχειρήσεις να εφαρμόσουν επιτυχή στρατηγική αλληλουχία, προβλέποντας την αλληλουχία ως σύνολο. Η επιτυχία της Apple στις αρχές της δεκαετίας του 2000 οφειλόταν στην αναγνώριση ότι το περιεχόμενο (κυρίως οι ψηφιακές λήψεις) αποτελούσε ζωτικής σημασίας προσφορά παράλληλα με τα προϊόντα της (iPod κ.λπ.).

- **Ποιο είναι το λειτουργικό ή συναισθηματικό περιεχόμενο του τομέα;** Η προσθήκη αξίας ή, αντίθετα, η απογύμνωση ενός προϊόντος από το υπερβολικό συμβολικό του βάρος, αποτελεί μέρος της αναζήτησης ενός γαλάζιου ωκεανού. Η Nespresso, η οποία κατάφερε να κάνει τις κάψουλες του καφέ της να φαίνονται πολυτελείς, είναι ένα βασικό παράδειγμα αυτού.

- **Ποιες είναι οι κύριες τάσεις που καθορίζουν τη συμπεριφορά των καταναλωτών;** Η προστασία του περιβάλλοντος και η αναζήτηση της προσωπικής ολοκλήρωσης αποτελούν σημαντικές τάσεις στις σύγχρονες κοινωνίες, γεγονός που τις καθιστά ουσιαστική πηγή έμπνευσης για τη φαντασία των προϊόντων και υπηρεσιών του γαλάζιου ωκεανού.

Διέγερση και δημιουργικότητα: ένα μονοπάτι 4 βημάτων

Στη συνέχεια, οι Kim και Mauborgne πρότειναν μια μέθοδο για την εφαρμογή της στρατηγικής του γαλάζιου ωκεανού σε μια επιχείρηση. Προσδιορίζουν τέσσερα βασικά βήματα:

- **Η οπτική αφύπνιση** περιλαμβάνει το σχεδιασμό της καμπύλης αξίας. Για κάθε κριτήριο που συνθέτει την προσφορά, η εταιρεία σχεδιάζει τα αδύνατα και τα δυνατά σημεία της σε σχέση με τον ανταγωνισμό. Αυτό το πρώτο βήμα χρησιμεύει κυρίως για τη δημιουργία συναίνεσης μεταξύ των ομάδων της εταιρείας, χρησιμοποιώντας την αναπαράσταση για να τονιστεί η ανάγκη αλλαγής που θα επιφέρει τη δημιουργία αξίας. Επίσης, τοποθετεί την εταιρεία σε σχέση με τους ανταγωνιστές της. Είναι η διαφοροποίηση έντονη ή ανύπαρκτη; Η πορεία που ακολουθούν οι δύο καμπύλες θα το καταστήσει αυτό σαφές.

- **Η οπτική εξερεύνηση** περιλαμβάνει την επίσκεψη στο πεδίο για την αξιολόγηση του καινοτόμου δυναμικού που πρέπει να αναπτυχθεί. Μια εταιρεία δεν μπορεί να έχει αντίκτυπο σε μια αγορά αν δεν γνωρίζει τους καταναλωτές της. Η τακτική διαβούλευση με τους πελάτες είναι απαραίτητη, αλλά δεν αρκεί. Ο πελάτης δεν είναι απαραίτητα ο χρήστης του προϊόντος. Καθώς η στρατηγική του γαλάζιου ωκεανού επιδιώκει τη διεύρυνση της υπάρχουσας πελατειακής βάσης, αξίζει επίσης να συζητάμε με άσχετους πελάτες για να γνωρίσουμε τις συνήθειες και τις προσδοκίες τους.

- **Οι εκθέσεις οπτικής στρατηγικής**, που διοργανώνονται μεταξύ των μελών της εταιρείας και των εξωτερικών συμμετεχόντων (πελάτες, πελάτες-στόχοι, συνεργάτες κ.λπ.), επιτρέπουν την αξιολόγηση της συνάφειας των κριτηρίων της προσφοράς. Ο στόχος είναι να οικοδομηθεί μια στρατηγική βασισμένη σε πράγματα διαφορετικά από τη διαίσθηση και να ξεπεραστούν τα εσωτερικά εμπόδια, όπως η αντίσταση στην αλλαγή.

- **Η οπτική επικοινωνία** πραγματοποιείται αφού καθοριστεί η στρατηγική. Όλη η ομάδα πρέπει να συμμετέχει στην επανάσταση της εταιρείας. Με τον ίδιο τρόπο που η κατανόηση των υφιστάμενων ορίων έγινε οπτική με την καμπύλη αξίας, αυτή η φάση απαιτεί επίσης ένα διάγραμμα. Αυτό θα διευκολύνει την οπτικοποίηση των νέων στόχων και θα κάνει όλους, ανεξάρτητα από το επίπεδό τους στην ιεραρχία, να υιοθετήσουν τη στρατηγική του γαλάζιου ωκεανού.

Προϊόντα Pioneer, migrator και settler

Μεταξύ των εργαλείων που πρότειναν οι Kim και Mauborgne, η ανάλυση των προϊόντων της εταιρείας αποδείχθηκε χρήσιμη για τη χάραξη στρατηγικής. Οι συγγραφείς προτείνουν ότι τα προϊόντα μπορούν να ταξινομηθούν σε τρεις κατηγορίες:

- **Οι οικιστές** είναι τα προϊόντα που ακολουθούν τα πρότυπα του κλάδου. Αυτά τα προϊόντα ή οι υπηρεσίες συμμορφώνονται με την πιο πρόσφατη καμπύλη αξιών και οι μελλοντικές προοπτικές τους είναι πολύ περιορισμένες στις ταχέως εξελισσόμενες αγορές μας. Ανήκουν στον κόκκινο ωκεανό.

- **Πρωτοπόροι** είναι τα προϊόντα που δημιουργούν πρωτοφανή αξία. Τα επόμενα χρόνια αναμένεται μαζική κατανάλωση και ισχυρή ανάπτυξη. Ενσαρκώνουν τον γαλάζιο ωκεανό.

- **Οι μετανάστες** βρίσκονται μεταξύ των δύο προηγούμενων κατηγοριών. Ενώ προσθέτουν αξία για τον πελάτη και την εταιρεία, δεν είναι αρκετά καινοτόμοι ώστε να παραμείνουν μόνιμα στον γαλάζιο ωκεανό.

Προσέγγιση νέων πελατών

Η προσέλκυση νέων πελατών βρίσκεται στο επίκεντρο της στρατηγικής του γαλάζιου ωκεανού. Για να επιβιώσουν σε έναν κόκκινο ωκεανό, οι επιχειρήσεις πρέπει να μειώσουν το μερίδιο αγοράς των ανταγωνιστών τους. Ωστόσο, παρόλο που οι πελάτες μεταπηδούν από τη μία εταιρεία στην άλλη, το μέγεθος της αγοράς παραμένει αμετάβλητο. Αντίθετα, η στρατηγική του μπλε ωκεανού επιδιώκει να διευρύνει την αγορά σπρώχνοντας προς τα πίσω τα σύνορά της, χάρη στη συμπερίληψη πελατών από κατηγορίες που, μέχρι τώρα, δεν αγόραζαν αυτό το είδος προϊόντος ή δεν χρησιμοποιούσαν αυτό το είδος υπηρεσίας.

Υπάρχουν τρεις διαφορετικοί τύποι μη πελατών:

- **Οι «μελλοντικοί» μη πελάτες** αγοράζουν περιστασιακά τα αγαθά ή τις υπηρεσίες που προσφέρει η εταιρεία, αλλά περιμένουν μια καλύτερη προσφορά. Όσο περισσότεροι είναι αυτοί, τόσο πιο εύθραυστη είναι η αγορά. Με αυτόν τον τρόπο, η βρετανική αλυσίδα τροφίμων Prêt à Manger προσελκύει μια επαγγελματική πελατεία που προηγουμένως πήγαινε σε παραδοσιακά εστιατόρια, καθώς δεν υπήρχε κάτι καλύτερο διαθέσιμο.

- **Οι "αρνούμενοι" μη πελάτες**, γνωστοί και ως "απορριπτικοί μη πελάτες" (Kotler και Keller, 2006), δεν χρησιμοποιούν ποτέ τα προϊόντα ή τις υπηρεσίες της υπό μελέτη αγοράς, ίσως επειδή είναι αντίθετοι με αυτά ή επειδή δεν έχουν την οικονομική δυνατότητα να τα αγοράσουν. Για παράδειγμα, οι άνθρωποι που ζουν στα κέντρα των πόλεων δεν είναι ανοιχτοί σε οχήματα τύπου 4x4, επειδή έχουν τη φήμη ότι είναι πολύ ρυπογόνα και δύσκολα σταθμεύουν στις πόλεις.

* **Οι "ανεξερεύνητοι" μη πελάτες** δεν ενδιαφέρονται άμεσα για την αγορά αυτή, επειδή οι υπεύθυνοι για τη λήψη αποφάσεων δεν μπήκαν ποτέ στον κόπο να τους στοχεύσουν. Παρόλα αυτά, θα μπορούσαν να είναι δυνητικοί πελάτες.

ΜΕΛΕΤΗ ΠΕΡΙΠΤΩΣΗΣ: ΤΟ WII, Ο ΓΑΛΑΖΙΟΣ ΩΚΕΑΝΟΣ ΤΗΣ NINTENDO

Το 2006, η Nintendo κυκλοφόρησε το Wii. Αυτή η κονσόλα παιχνιδιών γνώρισε ταχεία ανάπτυξη που απέφερε σημαντικά κέρδη στην εταιρεία για αρκετά χρόνια. Ενώ οι πωλήσεις της κονσόλας ήταν πολύ καλές, η επιτυχία ήταν πιο εμφανής όσον αφορά τα ίδια τα βιντεοπαιχνίδια. Το Wii Sports έχει πουλήσει περισσότερα από 80 εκατομμύρια αντίτυπα, πολύ περισσότερα από τους ανταγωνιστές του. Η προσέγγιση της Nintendo μπορεί να περιγραφεί ως στρατηγική του γαλάζιου ωκεανού, επειδή επέφερε σημαντικές αλλαγές στην τεχνολογία, και επίσης επαναπροσδιόρισε την πολιτική τιμών και τα όρια της αγοράς.

Η Wii σύμφωνα με τις έξι ερωτήσεις της στρατηγικής του μπλε ωκεανού

* **Ποιες εναλλακτικές λύσεις υπάρχουν στην αγορά;** Αντί να τοποθετηθεί σε σχέση με τους ανταγωνιστές της στην αγορά των βιντεοπαιχνιδιών, η Nintendo ενδιαφέρθηκε για

τις δραστηριότητες αναψυχής του πληθυσμού. Πράγματι, δεδομένου ότι οι καλλιτεχνικές και δημιουργικές δραστηριότητες και η υγεία και η γυμναστική αποτελούν σημαντικούς τομείς από τη δεκαετία του 2000, η εταιρεία αποφάσισε να δημιουργήσει τη δική της αγορά. Για να το πετύχει αυτό, συνδύασε την τεχνογνωσία της στις κονσόλες παιχνιδιών με την ανάπτυξη νέων χρήσεων: αθλήματα (το παιχνίδι Wii Sports έχει πουλήσει πάνω από 80 εκατομμύρια αντίτυπα), χορός, διατήρηση της φυσικής κατάστασης, αναπαραγωγή μουσικής κ.λπ. Όλες αυτές οι εικονικές δραστηριότητες γίνονται δυνατές με την τεχνολογία Wii, η οποία βασίζεται στην ανίχνευση της κίνησης αντί του παραδοσιακού joystick.

- **Ποια είναι τα συμφέροντα των εμπλεκόμενων στρατηγικών ομάδων; Όσον αφορά την** τιμή, το Wii τοποθετήθηκε κάτω από τους κύριους ανταγωνιστές του, οι οποίοι σταδιακά έπρεπε να υποχωρήσουν. Η στρατηγική αυτή διεύρυνε την αγορά των βιντεοπαιχνιδιών, στοχεύοντας σε ένα ηλικιωμένο και λιγότερο δέσμιο κοινό. Το προϊόν, αν και καινοτόμο ως προς τη λειτουργικότητά του, είναι χαμηλότερης ποιότητας όσον αφορά ορισμένα από τα συστατικά του σε σύγκριση με τους ανταγωνιστές του, το PS3 και το Xbox. Αυτή η μείωση των προδιαγραφών μειώνει τις τιμές περιορίζοντας ελαφρώς τις τεχνολογικές δυνατότητες, οι οποίες είναι λιγότερο σημαντικές για μια κονσόλα που δημιουργήθηκε για όλες τις ηλικίες, με παιχνίδια που εστιάζουν λιγότερο στην ταχύτητα και την υψηλή ανάλυση.

- **Πώς συγκροτείται η αλυσίδα αγοραστών και χρηστών;** Ως εταιρεία βιντεοπαιχνιδιών από την ίδρυσή της στα τέλη του 19ου αιώνα, η Nintendo επέλεξε να απευθυνθεί απευθείας στους χρήστες της, χωρίς να περάσει από τρίτους, προκειμένου να πουλήσει τα παιχνίδια που διατίθενται για το Wii. Αυτού του είδους η ανάπτυξη είναι δυνατή τώρα που η χρήση του διαδικτύου έχει γίνει πολύ πιο διαδεδομένη. Το 2006, ταυτόχρονα με το λανσάρισμα του επαναστατικού συστήματος παιχνιδιών της, η Nintendo ανέπτυξε επίσης το Wii Shop, το οποίο επέτρεπε στους χρήστες να κερδίζουν πόντους επιβράβευσης μέσω των αγορών παιχνιδιών τους.

- **Ποια είναι τα προϊόντα και οι συμπληρωματικές υπηρεσίες;** Δύο συμπληρωματικά προϊόντα συνέβαλαν στην επιτυχία του Wii: τα αξεσουάρ και τα παιχνίδια. Το Wiimote, ένα τηλεχειριστήριο για το Wii, επικοινωνεί με την κονσόλα μέσω Bluetooth. Εξοπλισμένο με επιταχυνσιόμετρο, μεταδίδει στην κονσόλα τις κινήσεις του παίκτη: άλματα, πλάγιες κινήσεις, περιστροφές κ.λπ. Αργότερα, εμφανίστηκαν και άλλα αξεσουάρ, όπως ένα μικρόφωνο και μια πινακίδα ζωγραφικής, επιτρέποντας στους χρήστες να παίζουν επιτραπέζια παιχνίδια όπως το Pictionary στην κονσόλα, στοχεύοντας με αυτόν τον τρόπο στην οικογενειακή αγορά. Η Nintendo φρόντισε, φυσικά, να πουλήσει τα πιο δημοφιλή προϊόντα του Wii, όπως το Mario Bros. και το Zelda. Τέλος, κεντρικό στοιχείο της επιτυχίας του, οι μετρητές καρδιακών παλμών και η σανίδα ισορροπίας Wii, η οποία αναγνωρίζει τις κινήσεις των ποδιών, μπορούν να μετατρέψουν το σπίτι του παίκτη σε γυμναστήριο, χρησιμοποιώντας την κονσόλα ως γυμναστή. Αυτό τοποθετεί την κονσόλα στη μέση μεταξύ παιχνιδιού και γυμναστικής.

- **Ποιο είναι το λειτουργικό ή συναισθηματικό περιεχόμενο του τομέα; Τα** βιντεοπαιχνίδια έχουν τόσο τεχνολογικό όσο και πολιτιστικό περιεχόμενο. Οι εξελίξεις που παρατηρήθηκαν από τα πρώτα μοντέλα κονσόλας τη δεκαετία του 1970 ήταν τεράστιες και πολύ γρήγορες. Αξίζει να σημειωθεί ότι το Wii έχει ήδη αντικατασταθεί από άλλα προϊόντα. Η εξέλιξη μοιάζει με εκείνη των ηλεκτρονικών υπολογιστών, από τις μεγάλες κεντρικές μονάδες σε φορητές συσκευές και ταμπλέτες με οθόνη αφής. Ωστόσο, το βιντεοπαιχνίδι έχει επίσης πολιτιστική απήχηση: για παράδειγμα, τα πρώτα παιχνίδια, πολλά από τα οποία παρήγαγε η Nintendo, έχουν γίνει σημεία αναφοράς για τη γενιά που μεγάλωσε τη δεκαετία του 1980. Οι κόσμοι του Space Invader, του Mario Bros. ή του Zelda αποτελούν αναπόσπαστο μέρος της συλλογικής φαντασίας. Τα πιο σύγχρονα παιχνίδια δημιουργούν κοινότητες παικτών που ανταλλάσσουν πληροφορίες και δημιουργούν εικονικές σχέσεις. Η Nintendo κατάφερε να διατηρήσει αυτή την ισχυρή πολιτιστική διάσταση μέσω των παιχνιδιών Wii, αλλά απομακρύνθηκε από αυτή την τεχνολογική κουλτούρα για να διευρύνει την προσφορά της. Κατά συνέπεια, οι παίκτες στα εξήντα τους δεν αισθάνονται νοσταλγία και δεν τους λείπει ο κόσμος του Super Mario. Για να ενθαρρυνθούν να αγοράσουν μια κονσόλα παιχνιδιών, είναι απαραίτητο να προσφερθούν εναλλακτικές προοπτικές και να δοθεί μεγαλύτερη έμφαση στη λειτουργικότητα παρά στην τεχνολογία. Η πλοήγηση και η οθόνη του Wii έχουν απλοποιηθεί σημαντικά, διευκολύνοντας τον χρήστη ανεξάρτητα από το επίπεδο των τεχνολογικών του γνώσεων.

- **Ποιες είναι οι κύριες τάσεις που καθορίζουν τη συμπεριφορά των καταναλωτών; Στα** παιχνίδια που προσφέρονται για το Wii, η Nintendo κατάφερε να συλλάβει τις κύριες τάσεις στις δυτικές κοινωνίες. Η γήρανση της κοινωνίας, η οποία είναι πιο έντονη στην Ιαπωνία απ' ό,τι αλλού, ενέπνευσε την ανάπτυξη αυτής της κονσόλας, η οποία είναι πιο οικουμενική από τους ανταγωνιστές της. Το πρόγραμμα εκπαίδευσης εγκεφάλου του Dr Kawashima (γεννημένος το 1959) γνωρίζει επίσης σημαντική επιτυχία, λόγω της ζήτησης από πελάτες μεγαλύτερης ηλικίας. Η προσωπική ανάπτυξη και η αυτοέκφραση μέσω της δημιουργικότητας και του σώματος αποτελούν σημαντικές επιδιώξεις της σύγχρονης κοινωνίας. Για αρκετά χρόνια, το Wii μπόρεσε να επωφεληθεί από αυτές τις τάσεις προσφέροντας ένα νέο προϊόν που παρείχε μεγαλύτερη αξία για τον πελάτη - μια κονσόλα παιχνιδιών που επιτρέπει στους χρήστες να διατηρούνται σωματικά και πνευματικά σε φόρμα - με χαμηλό κόστος παραγωγής. Με αυτόν τον τρόπο, η Nintendo μπόρεσε να παράγει κέρδη από το Wii, και όχι μόνο μέσω των πωλήσεων παιχνιδιών. Εν τω μεταξύ, ορισμένοι από τους ανταγωνιστές της ήταν λιγότερο επιτυχημένοι και αναγκάστηκαν να πουλήσουν τις κονσόλες τους με ζημία και να καλύψουν το χαμένο έδαφος μέσω συναφών προϊόντων και υπηρεσιών.

Το Wii και οι τρεις τύποι μη-πελατών του

Η επιτυχία του Wii είναι το αποτέλεσμα μιας εξαιρετικής ανάλυσης των μη-πελατών, η οποία απώθησε τα όρια της αγοράς. Η Nintendo θα μπορούσε να είχε αρκεστεί σε έναν αγώνα για να αποκτήσει και να διατηρήσει ένα τεχνολογικό ή κοστολογικό πλεονέκτημα, το οποίο θα της επέτρεπε να αυξήσει το μερίδιο αγοράς της. Ωστόσο, αυτή η πρόοδος θα ήταν πιθανώς μόνο προσωρινή, καθώς οι ανταγωνιστές θα ανταποκρίνονταν γρήγορα. Επομένως, δεν αγωνίστηκε για τους "μελλοντικούς" μη πελάτες, δηλαδή για εκείνους που μπορούν να μετακινηθούν από τον έναν προμηθευτή στον άλλο ανάλογα με τα προϊόντα και τις υπηρεσίες που προσφέρουν.

Η Nintendo κατάφερε να προσελκύσει τους "αρνητικούς" πελάτες, παρόλο που, όπως και η τηλεόραση εδώ και μερικά χρόνια, τα βιντεοπαιχνίδια προκαλούν αντιδράσεις. Κατηγορούνται ότι δημιουργούν εθισμό στους νέους και τους συνηθίζουν στην ακραία βία. Ωστόσο, είναι δύσκολο να ασκηθεί αυτή η κριτική στο Wii Sports, το οποίο επιτρέπει στους χρήστες να εξασκούνται στο σαλόνι τους στο τένις ή στο μπόουλινγκ. Το παιχνίδι αυτό έχει πουλήσει 80 εκατομμύρια τεμάχια, γεγονός που το καθιστά το πιο αγορασμένο βιντεοπαιχνίδι στην ιστορία, ξεπερνώντας ακόμη και το Super Mario Bros. που έχει πουλήσει συγκριτικά μόνο 40 εκατομμύρια τεμάχια.

Τέλος, η Nintendo προσέλκυσε "ανεξερεύνητους" πελάτες, οι οποίοι δεν είχαν ποτέ εξερευνήσει τον κόσμο των παιχνιδιών. Οι χρήστες που δεν είναι ιδιαίτερα παθιασμένοι με τα γραφικά ή την τεχνολογία, συμπεριλαμβανομένων των ενηλίκων και των ηλικιωμένων, βρήκαν στο Wii κάτι για να χαλαρώσουν και να διασκεδάσουν. Αυτό το φαινόμενο θα φαινόταν αδιανόητο μερικά χρόνια νωρίτερα.

Το 2012, η Nintendo προσπάθησε να επαναλάβει τις επιδόσεις της, λανσάροντας το Wii U, το οποίο προοριζόταν να πάρει τη θέση του Wii. Δυστυχώς, φαίνεται ότι το περιβάλλον είχε εξελιχθεί πολύ μέσα σε έξι χρόνια, ιδίως μέσω της χρήσης των tablet και των smartphones με οθόνη αφής. Η πρόσβαση στα παιχνίδια είναι πλέον τόσο διαδεδομένη που λιγότεροι άνθρωποι χρησιμοποιούν κονσόλες, οι οποίες είναι πλέον προνόμιο ενός μικρότερου κοινού ενθουσιωδών. Τι επιφυλάσσει το μέλλον για αυτή την καινοτόμο εταιρεία;

ΠΕΡΙΛΗΨΗ

- Η στρατηγική του γαλάζιου ωκεανού είναι ένα νέο μοντέλο διοίκησης επιχειρήσεων με στόχο την απόδοση.

- Σε έναν ολοένα και πιο ανταγωνιστικό κόσμο, οι εταιρείες εξαντλούνται προσπαθώντας να κερδίσουν το πάνω χέρι έναντι των ανταγωνιστών τους, γεγονός που έχει οδηγήσει σε αυξανόμενο αριθμό πτωχεύσεων.

- Αυτή η καινοτόμος στρατηγική, που θεωρητικοποιήθηκε από τους W. Chan Kim και Renée Mauborgne, καθηγητές στο INSEAD, περιγράφει πώς οι επιχειρήσεις μπορούν να απαλλαγούν από τον έντονο ανταγωνισμό στις αγορές του "κόκκινου ωκεανού", βρίσκοντας αγορές του "μπλε ωκεανού", όπου μπορούν να αναπτυχθούν μόνες τους (για λίγο).

- Η μεταφορά των κόκκινων ωκεανών (τομείς με έντονο ανταγωνισμό) και των μπλε ωκεανών (εξειδικευμένες αγορές με μικρό ανταγωνισμό) μας επιτρέπει να περιγράψουμε την αγορά στο σύνολό της.

- Η μετάβαση από τον κόκκινο ωκεανό στον μπλε ωκεανό γίνεται μέσω της καινοτομίας αξίας, η οποία αυξάνει την αξία χρήσης για τον πελάτη και ταυτόχρονα βελτιώνει το οικονομικό μοντέλο της επιχείρησης. Αυτό μπορεί επίσης να οδηγήσει σε μείωση των τιμών πώλησης.

- Η στρατηγική του γαλάζιου ωκεανού βασίζεται στη μετακίνηση των παραμέτρων της αγοράς, στην επανεξέταση των αξιών και των πεποιθήσεων της εταιρείας και στην προσέλκυση πελατών που δεν ήταν προηγουμένως εξοικειωμένοι με αυτή την αγορά, αλλάζοντας τις μεθόδους τοποθέτησης και διανομής.

- Σε περιόδους οικονομικής αβεβαιότητας και μεγάλης ανησυχίας για τη μείωση του κόστους, είναι σημαντικό να λαμβάνονται υπόψη οι οικονομικοί και τεχνικοί κίνδυνοι που συνδέονται με την αγορά. Πράγματι, είναι δύσκολο για το ανθρώπινο μυαλό να απομακρυνθεί από αυτό που ήδη υπάρχει για να φανταστεί κάτι εντελώς νέο, δηλαδή ριζοσπαστικές νέες ιδέες που οι οικονομολόγοι αποκαλούν ανατρεπτικές καινοτομίες. Επομένως, είναι αδύνατο να προβλεφθεί πώς θα αντιδράσουν οι καταναλωτές.

- Τέλος, παρόλο που η στρατηγική του γαλάζιου ωκεανού τονίζει τη σημασία της καινοτομίας και της δημιουργίας αγορών, οι οποίες είναι εξαιρετικά σημαντικές στο σημερινό πλαίσιο, δεν εξηγεί γιατί τόσο λίγες επιχειρήσεις χρησιμοποιούν αυτή την προσέγγιση. Πράγματι, η πλειονότητα των επιχειρήσεων εργάζεται απλώς για τη βελτιστοποίηση των υφιστάμενων υπηρεσιών και προϊόντων τους.

ΠΕΡΑΙΤΕΡΩ ΑΝΑΓΝΩΣΗ

ΒΙΒΛΙΟΓΡΑΦΙΑ

Cazals, F. (2009) Stratégie Océan bleu de la Wii. *Stratégies innovantes*. [Online]. [Πρόσβαση 23 Μαΐου 2014]. Διαθέσιμο από το Internet Archive: < http://cazals.fr/strategie-ocean-bleu-de-la-wii/>

Déméter et Kotler. (2012) *Océan bleu et océan rouge*. [Online]. [Πρόσβαση 23 Μαΐου 2014]. Διαθέσιμο από: < http://demeteretkotler.com/2012/07/11/ocean-bleu-ocean-rouge/>

Δικτυακός τόπος του *Ινστιτούτου Στρατηγικής Μπλε Ωκεανός του INSEAD*. http://www.insead.edu/blueoceanstrategyinstitute/home/index.cfm

Kim, W. C. and Mauborgne, R. (2015) *Blue Ocean Strategy: Πώς να δημιουργήσετε αδιαφιλονίκητο χώρο στην αγορά και να κάνετε τον ανταγωνισμό άσχετο*. Brighton, Μασαχουσέτη: Harvard Business Publishing.

Kotler, P. and Keller, K. L. (2015) *Marketing Management*. Harlow, Essex: Pearson Education Limited.

Roland, O. (2010) Stratégie Océan Bleu. *Des Livres pour changer la vie*. [Online]. [Πρόσβαση 23 Μαΐου 2014]. Διαθέσιμο από: < http://www.des-livres-pour-changer-de-vie.fr/strategie-ocean-bleu/>

Sarazin, B. (2013) Pourquoi la méthode Blue Ocean ne suffit pas. *Le blog de l'innovation de rupture*. [Online]. [Πρόσβαση 23 Μαΐου 2014]. Διαθέσιμο από: < http://benoitsarazin.com/francais/2013/10/methode-blue-ocean-suffit-pas.html>

Tabatoni, P. (2005) *Innovation, désordre, progrès*. Παρίσι: Economica.

Timos, L., Ghoggal, M. and Poubady, B. (Χωρίς ημερομηνία) Analyse stratégique marketing: Nintendo Wii. *Laurent Timos*. [Online]. [Πρόσβαση 23 Μαΐου 2014]. Διαθέσιμο από: < http://www.laurent-timos.esy.es/mes-projets/dut-src/>

IMPROVE YOUR GENERAL KNOWLEDGE

IN THE BLINK OF AN EYE!

www.50minutes.com

Κύριο ISBN: 9782808600231
ISBN: 9782808601689
Νόμιμη κατάθεση: D/2022/12603/169

Ψηφιακός σχεδιασμός: Primento,
ο ψηφιακός συνεργάτης των εκδοτών.